AF729663

उमा झुनझुनवाला एक कर्मठ, निष्ठावान और रंगकर्म के लिए एक प्रतिबद्ध रंगकर्मी हैं। एक ऐसा व्यक्तित्व जिसमें अभिनय, निर्देशन और लेखन एक साथ समाहित हैं। पिछले तीस वर्षों से भी अधिक समय से वे रंगकर्म से सक्रिय रूप से जुड़ी हुई हैं। अज़हर आलम के साथ मिलकर उन्होंने लिटिल थेस्पियन की स्थापना की थी। अज़हर आलम ने कुछ जल्दी ही दुनिया को अलविदा कह दिया और अब उमा अपने बच्चों के साथ ही लिटिल थेस्पियन और रंगरस को देख रही हैं। न केवल देख रही हैं, बल्कि नयी बुलन्दियों को छू रही हैं। वे एक ऐसी समर्पित नाटककार, कवि और सम्पादक हैं, जिन्होंने कई पीढ़ियों को रंगकर्म के लिए तैयार कर दिया है और यह प्रक्रिया आज भी जारी है।

अब तक उनके कई नाटक और कविता-संग्रह प्रकाशित हो चुके हैं। *मैं और मेरा मन* उनका दूसरा कविता-संग्रह है।

मैं और मेरा मन की कविताओं में संवेदना का तत्त्व सर्वाधिक प्रबल है। जैसे ही विचार को संवेदना का संस्पर्श मिलता है, शब्द कविता में ढलते चले आते हैं। उमा की कविताएँ यही काम करती हैं।

संग्रह की पहली ही कविता 'एक वृक्ष आस का, विश्वास का' की शुरुआती पंक्तियाँ 'एक अच्छे पल के इन्तज़ार में/ गुज़ार देते हैं हम कई-कई पल/हमारी इसी क्रिया में/कुछ अच्छा हो जाने की सम्भावनाएँ बची रहती हैं' हमें पकड़ लेती हैं और पूरा संग्रह पढ़ने के लिए तैयार कर देती हैं। या–

'फिर सुनो साथी, अहसासों की धूप
हर कोने के अन्तस को गरमा देती है।'

उमा की यह कविताएँ आत्मगत कविताएँ हैं जो अन्तर्मन की यात्रा करते हुए बहुत बार बहिर्जगत में विस्तार पाती हैं। दृश्यात्मकता इन कविताओं का मूल तत्त्व है। संवेदना को दृश्य में बदलना अपेक्षाकृत कठिन कविता-कर्म है, लेकिन उमा के रंगधर्मी अनुभव इन कविताओं में यथोचित प्रतीकों और बिम्बों का इस्तेमाल कविता के स्व को पाठक का स्व बना देती हैं।

मैं और मेरा मन । 'मैं' यानी उमा का स्वत्व, उसका स्वाभिमान या कहें कि अहम् 'और मेरा मन' यानी उमा के मन की कई-कई परतें खोलती हैं यह कविताएँ। एक ओर अज़हर के साथ विवाह से पूर्व और विवाह के बाद प्रेम का रिश्ता, रंगकर्म का विशद संसार, नाटकों के विविध आयाम उमा को एक जीवन-दृष्टि देते हैं और वह विचार, संवेदना, आशा, निराशा, ख़ुशी और विषाद के अनेक छोरों के साथ जूझती हुईं अपने कविता संसार को विस्तार देती हैं।

इन कविताओं से गुज़रते हुए बहुत सारे अनुभव हमें अपने-अपने निजी अनुभवों के साथ ही जोड़ देते हैं। इसीलिए ये कविताएँ उमा की होते हुए भी आपको कहीं-न-कहीं अपने से जुड़ी हुई लगेंगी।

—प्रताप सहगल

मैं और मेरा मन

मैं और मेरा मन

उमा झुनझुनवाला

वाणी प्रकाशन
प्रकाशन के उत्कृष्टतम 63 वर्ष

vaniprakashan.com

पेपरबैक प्रथम संस्काण : 2026

वाणी प्रकाशन

4695, 21-ए, दरियागंज, नयी दिल्ली-110 002

फ़ोन : + 91 11 23273167, 23275710

शाखाएँ

अशोक राजपथ, पटना-800 004, बिहार

कॉफ़ी हाउस कैम्पस, महात्मा गांधी मार्ग, प्रयागराज-211 001, उत्तर प्रदेश

महात्मा गांधी अन्तरराष्ट्रीय हिन्दी विश्वविद्यालय, वर्धा-442 001, महाराष्ट्र

sales@vaniprakashan.in
vaniprakashan@gmail.com

Main Aur Mera Man
by Uma Jhunjhunwala

ISBN : 978-93-6944-808-1
Poetry Collection

मूल्य : ₹ 425

आर. टेक ऑफ़सेट प्रिंटर्स, दिल्ली-110 032 में मुद्रित

वाणी प्रकाशन का लोगो मक़बूल फ़िदा हुसैन की कूची से

अज़हर को समर्पित...!!

दो शब्द

मैंने कविताएं क्यों लिखी या जो कुछ भी कविता के नाम पर लिखा है, वह कविता है भी या नहीं, मैं नहीं जानती। बस अपने भावों को सादे पन्नों पर उकेरने की एक कोशिश भर की है मैंने। इसलिए मैं क्या बोलूँ, जो बोलेंगी ये कविताएं ही बोलेंगी...

मैंने पहली कविता 13 वर्ष की आयु में लिखी थी, तब मैं कक्षा 8 में थी। इस किताब के 28वें नंबर पर है ये कविता। उसके बाद कब कब लिखती रही, कुछ याद नहीं, लेकिन एक दिन अपना ही लिखा देख रही थी पता चला छः सौ के आसपास कविताएँ लिखी हैं मैंने अबतक...मेरी पहली पाठक मेरी माँ रहीं हैं। माँ हमेशा कहती रहती कि बेटा, इन्हें छपने भेजो। मगर मुझे हमेशा यही लगता कि इतने बड़े विशाल महासागर में मेरी क्या हैसियत...तो कभी प्रकाशन के बारे में सोच ही नहीं।

मगर हर बार की तरह इस बार भी पिता तुल्य प्रताप सहगल सर के आदेश के कारण चार काव्य संग्रह तैयार हुए जिसमें से ये दूसरा काव्य संग्रह "मैं और मेरा मन" आपके समक्ष है।

आपका स्नेह पाने की उत्कंठा तो बनी रहेगी

सादर

उमा झुनझुनवाला, कलकत्ता

15 सितंबर 2023

अनुक्रम

एक वृक्ष आस का, विश्वास का	13
और मैं थी तितली संग	14
गीली रेत की चमक	16
जादुई चुम्बन	18
गुनगुनी धूप	20
गुलाबीपन	21
चमक गौरैया की	22
तुम और हम	24
तुम मेरा 'अन्तर्मन' हो	25
तुम...	27
एक मुकम्मल तस्वीर	28
नहीं था कुछ भी अधूरा	29
इत्मीनान	31
हमारे दरमियाँ...	32
सुनो चाँद	33
सारा आकाश	35
साथ तुम्हारे हरदम	36
समर्पण	38
मैं समाधीरत हूँ	40
मैं भी दरवेशी हो रही थी	43
मैं और हरा रंग	45

मुझमें तू है/तुझमें मैं हूँ	47
मेरा मन	48
मैं और मेरा मन	49
मेरे अक्षर	51
मेरा होना	53
मधुर-सा दर्द	54
मन मेरे	56
भीगे अलाव	57
बौराया इश्क़	58
प्रयोगशाला	60
तुम्हारे लिए–मेरे लिए	61
प्रतीक्षा	62
प्रेम और अभिमान	63
जीवन-बीज	65
मई के लम्बे दिनों में	66
मेरे सुकून	68
बीते दिनों एक छोटी-सी बात	69
तेरा नाम	72
ढलती साँझ	73
तुममें होने का अर्थ	74
मोह	76
तुमसे है मेरा विस्तार	77
एक अध्याय	78
साँझ का समय	80
एक गुज़ारिश	81
अनकही प्रतीक्षा	82
अब तो कई युग बीत गये	84
कँवल	86

झील	87
हिज्र	88
हर्फ़	89
सागर	90
साँझ का समय	91
इतनी-सी एक कविता	92
पूर्ण-अपूर्ण	93
आशियाना	94
जिज्ञासा	95
मिट्टी	96
एक प्रेमिल साँझ	97
क्रिया	98
परिक्रमा	99
बसन्त	100
यात्रा (1)	102
यात्रा (2)	104
रोज़-रोज़	105
अक्सर नींद आती है मुझसे मिलने	106
एक अध्याय	108
एक बार फिर	110
फ़न्तासी का रंग...!	112
माँ और पापा के वैवाहिक जीवन की पचासवीं वर्षगाँठ पर	114
अब तक लथपथ हूँ मैं...	115
एक अनुत्तरित प्रश्न	118
सुनो मेरे बुद्ध	120
औरत	123
ख़ामोशी	124
सपनों का छल	126

मिटना फिर उगना मिट जाने के लिए 127
तुझसे होड़ है मेरी...ओ अभिशाप 129
सब ठाठ पड़ा रह जावेगा 131
शोर और सन्नाटा 133
सत्य 134
शुक्र है हम ज़िन्दा हैं 136
रंगीन चश्मा 137
मैं माँ हूँ 139
मैं प्रतीक्षा में नहीं हूँ अब... 140
मैं एक औरत हूँ 143
एक वार्तालाप 145
स्त्री कभी नहीं मरती 148
आधी रात के बाद 150
वायवीय 152
इन्तज़ार 155
साक्षी 156
कोरोना और जीवन 158

एक वृक्ष आस का, विश्वास का

एक अच्छे पल के इन्तज़ार में
गुज़ार देते हैं हम कई-कई पल
हमारी इस क्रिया में
कुछ अच्छा हो जाने की
सम्भावनाएँ बची रहती हैं

सम्भावनाओं में
आस निहित है
आस में जीवन निहित है
जीवन में संघर्ष निहित है
संघर्ष में उद्देश्य निहित है

बीज का उद्देश्य वृक्ष है
वृक्ष पाना है अगर
तो बीज बोना ही होगा
बार-बार बोना होगा
...जाने कौन से बीज में निहित हो वृक्ष

और मैं थी
तितली संग

बड़ी उमस थी
सब जैसे ठहरा हुआ
कि साँस भी ले कोई तो
खनक उठे कहीं कुछ
जाने रगों में हो रही थी
कैसी सरगोशियाँ
जैसे कली कोई
फूटना चाह रही थी कहीं

जैसे तोता-मैना
प्रेमगाथा लिये बैठे हों
किसी नाज़ुक-सी शाख़ पे
जैसे समन्दर दूर क्षितिज पे
नीली रेखा खींचने को
हो रहा हो बावरा
या किसी झील किनारे
दो जोड़े पैर टहलने का
कर रहे हां जतन

या कोई कवि
किसी पहाड़ पर बैठा

दम साधे नयी कविता का
कर रहा हो इन्तज़ार
या किसी चित्रकार की उँगलियाँ
ब्रश थामे कैनवास पर ही हों अटकी
सब अचल-सा था इस घड़ी
जैसे किसी अनहोनी की प्रतीक्षा हो

जाने तभी मेरी खिड़की पे
एक तितली आयी कहीं से
कपोलों पर पड़ी उदास बूँदों को
अपने कोमल परों से समेटा
और मुस्कुराते हुए हौले से
बुदबुदाते हुए मेरे कानों में कहा

"...मेरी नटखट..."

इन दो लफ़्ज़ों में
जाने कैसा था जादू
कि सब जैसे जीवित हो उठे
और तितली के सारे रंग
आँखों में इन्द्रधनुष-से चमक उठे
अब नयी-नयी खिली कलियाँ थीं
तोता-मैना की प्रेमगाथा थी
आसमां और समन्दर का मिलन था
प्रेमी युगल की चहलक़दमी थी
कवि के शब्द थे
चित्रकार की कल्पना थी

और मैं थी...
...तितली संग

गीली रेत की चमक

आज समन्दर किनारे
गीली रेत पर
दिखाई दिये कुछ निशान
उनमें थी एक ख़ास चमक
सुनहरे रंगों की
मेरी पुतलियों से होती हुई
पहुँची यह चमक
जब मेरे अन्तस में
वहाँ पड़ा सूखा दरख़्त
हरिया गया फिर से
और फैल गया बाहर
एक और गहरे समन्दर-सा

हैरान हो रही थी मैं
इस अजूबे पर
तभी मेरी धमनियों में
जैसे सागर हिलोरें लेने लगा
और रेत की चमक
भर गयी मेरी अँजुरियों में
मैंने देखा...
खिलखिलाता हुआ

तुम्हारा ही अक्स
जगमगा रहा था उसमें

तब से हो गयी है मुहब्बत
समन्दर किनारे की गीली रेत से

जादुई चुम्बन

जाने
कब
आया था
चाँद
नहीं पता
उनींदी आँखों को
फ़ुरसत ही नहीं थी
मशग़ूल थीं
पिया की
आहटों को
सुनने में

अचानक पलकें
लरज़ गयीं
भीग गयीं
सिहर गयीं
चाँद
अंकित हो गया था
पलकों पे

हवाओं
अपना रुख़
अब बदल लो

कहीं और
ले जाओ
बादलों को
इन आँखों को अब
बारिश की
ज़रूरत नहीं
चाँद की आर्द्रा बूँदे
इस तन को
सराबोर कर चुकी हैं
मुझे अभी
थोड़ी देर और
तन्द्रा में ही
रहने दो
मेरे मन...

ज़रा मुझे
घुलने दो
जाने क्या है
चाँद की छुअन में
जादुई चुम्बन का
अहसास है
या
चुम्बन है
कोई जादुई

गुनगुनी धूप

मेरी मुट्ठी में बन्द है गुनगुनी धूप
आओ थाम लो ज़रा हाथ मेरा

गरमाहट इसकी सौंप दूँ तुम्हें
इसे अपने आँगन में फैला देना

देखना इसकी सौंधी ख़ुशबू से
इधर-उधर भटक रहे जज़्बात

पसर जायेंगे यहीं आकर पास में
और खिलखिलायेंगे, गुनगुनायेंगे

फिर तुम आरामकुर्सी पे बैठकर
आज का अख़बार खोलकर देखना

जहाँ भी नज़र आये ठिठुरन ज़्यादा
थोड़ी-सी स्नेहिल गरमाहट भेज देना वहाँ

सुनो साथी, अहसासों की धूप
हर कोने के अन्तस को गरमा देती है

गुलाबीपन

एक बार
एक बैंगनी तितली
नीला रंग बिखेरती
अन्तस मेरा
गुलाबी बना गयी थी
ये देखो
टाँक दिया है मैंने
उस ख़ूबसूरत-सी तितली को
तुम्हारी इस दीवार पर
सुना है आँखों के सामने
जैसी तस्वीर होती है
ख़्वाबों की शक्ल
वैसी ही हो जाती है
तुम्हारे ख़्वाब भी
तितली की तरह
ख़ूबसूरत और रंगीन हों
मुकम्मल हो जाने पर जिन्हें
तुम भी टाँग सको फिर
इस तितली के ठीक बग़ल में
यादों का फ्रेम बनाकर
ताकि तुम्हारी दीवारों का रंग भी
गुलाबी हो जाये मेरी तरह

चमक गौरैया की

एक गौरैया
आती है हर सुबह
खिड़की पे बैठ
इतराती है कुछ देर
टुकुर-टुकुर तकती है
कभी उड़कर
ज़रा-सा आ जाती है
कमरे के अन्दर भी
और बिखेर जाती है
फ़र्श पे चमक
तुम मग्न रहते हो
चित्रकारी में
उसी वक़्त
हर रोज़
गौरैया का आना
चूक जाता है
तुम्हारी बेख़याली में
या हो जाती है
गुम उसकी चमक
तुम्हारे ब्रश के रंगों में
मगर गौरैया को
नहीं थी शिकायत
उस चित्रकार से

और हर रोज़ की तरह
खिड़की से कमरे में आ
चित्रकार के ब्रश में
भरकर अपनी चहक
उड़ जाती है ख़ामोशी से
और चित्रकार
अनजान है अब तक
कि तस्वीरें उसकी ख़ूबसूरत क्यूँ हैं

तुम और हम

तुमने कहा था एक बार
निर्मल हवा
निर्मल मौसम
निर्मल प्रेम
...निर्मल तुम-हम

मुझे सुनाई दिये कई बार
गूँगे कोलाहल
गूँगी धड़कनें
गूँगे शब्द
...गूँगे मेरे बोल

तुमने कहा था एक बार
मीठे फल
मीठी प्रार्थनाएँ
मीठी कारगुज़ारियाँ
...मीठे हम-तुम

मैंने देखा था हर बार
सूना मन
सूना नभ
सूनी धरती
...सूनी मेरी आँखें

तुम मेरा 'अन्तर्मन' हो

नित नयी भावनाएँ, नयी कामनाएँ
नित नये अरमान, नयी अभिलाषाएँ
नित नयी-नयी भाषाएँ परिभाषाएँ
नित नये शब्द, रूप-रंग नये-नये

भाव भी नये, गीत भी नये, कण्ठ भी नये
नयी स्याही, नयी क़लम, इतिहास नये
नित नयी दुनिया, नये सत्य, अध्याय नये
नयी बहसें, नयी सीमाएँ, नयी सम्भावनाएँ
आँखों में पलते ख़्वाब भी नये...
सखा, दोस्त, रिश्ते-नाते सब नये
हो सकते हैं सब नये-नये तुम्हारे लिए

लेकिन सुनो, प्रिये...
तुम्हारा सारा नूतन-पुरातन है मेरा
तुम्हारा विस्तार छोटा-सा आँगन है मेरा
तुम्हारी छाया में ही है अस्मिता मेरी
तुम्हारे बदलते भाव में ही है कविता मेरी
इन भावों में बुलबुलों-सी क्षणभंगुरता नहीं है
अनुभूति है इसमें शाश्वत अपनेपन की

क्योंकि तुम्हें महसूस करना
ठीक उसी तरह है जैसे...

सूरज का नित एक ही तरह से दमकना
चाँद-सितारों का चमकना औ' टिमटिमाना
नित उसी कसमसाहट से फूलों का खिलना
पंछियों में आसमाँ को छूने की छटपटाहट का दिखना
नित मधुमक्खी का इठलाते हुए जीवन रस खींचना
नित गुनगुनाते हुए प्रकृति का उसी तरह हँसना-हँसाना

सच तो ये है प्रिये...
तुम एक क़ुदरती अहसास हो, आनन्द हो मेरे जीवन का
तुम मेरी आत्मा हो, मेरा विश्वास हो, मेरा 'अन्तर्मन' हो

तुम...

पलकें खोलती सुबह-सा
और साँझ की बाँसुरी-सा
निर्मल शीतल प्रेम नदी-सा
और ओस में भीगे फूलों-सा
...तुम शान्त निर्झर झील-सा

पूजा की थाली की रोली-सा
और मन्दिर में जलते दीप-सा
साँसों में बसी मधुर महक-सा
और गूँजते पवित्र शंखनाद-सा
...तुम रूह से रूह की प्रार्थना-सा
तुम मेरी कविता की ध्वनि हो

एक मुकम्मल तस्वीर

उलझे ख़यालों के
धागों से बनी पैरहन...
अल्ज़ाइमरी
होने की ख़्वाहिश...
नज़रें बचाकर
भावों की आग को सहेजना...
अनजाने की तलाश में
भटकना सारी-सारी रात...
और लापरवाही में मुस्कुराना...

ये सब और कुछ नहीं
बस यादों की
एक सुनहरी सवारी है
जो क्षितिज के
उस पार ले जाती है
जहाँ अँधेरे और उजाले
दोनों मिलते हैं
और उस अद्‌भुत रंग का
सृजन करते हैं
जो तिरता रहता है
उन प्रेमिल आँखों में
जिसमें पूरे कायनात की
एक मुकम्मल तस्वीर है
.........तुम्हारी तस्वीर

नहीं था कुछ भी अधूरा

कौन कहता है
सब अधूरा हो गया अब
तुम जो हो ज़ेहन में
...हमेशा से
ख़ुशबू की तरह बसे हुए
हसीन दास्तानों के साथ

लिखा था जिसे
कभी हमने
किसी झील किनारे
साथ-साथ चलते हुए
उफ़क़ पर चमकते
सितारों की तरह

कभी ठहाकों की तरह
कभी उदासियों का हाथ थामे
मैं लहराती रही
तुम्हारी बाँसुरी की फूँक पे
और तुम गाते रहे
मुझे हमेशा उसी तरह

इसलिए सुनो
अधूरा कुछ नहीं रहेगा

न हमारे गीत
न हमारी मुहब्बत
न वादे-मुलाकातें
न झगड़े और ठहाके

रेतीले किनारों पे नक़्श
हमारे क़दमों के निशान
सुनाते रहेंगे हमारी दास्तानें
सदियों तक
भावी युगल जोड़ियों को
किसी महाकाव्य की तरह।

इत्मीनान

तुम्हारे शहर से
आने वाली हवा ने
दी है ख़बर मुझे

...तुम्हारे आने की

अब इत्मीनान से हूँ
ज़िन्दगी का सूरज
ढलने तक...

हमारे दरमियाँ...

कल हरे पत्तों-सी शाम थी
आज पीले पत्तों-सी शाम है
कल सूखे पत्तों-सी शाम होगी
    मेरे और तुम्हारे दरमियान

पत्तों का होना
अहसास है तुम्हारी मौजूदगी का
रंगों का बदलना
अक्कासी है तुम्हारे मिज़ाज की

ये रंग कल शाम भी थे
आज शाम भी साथ हैं
और कल शाम भी होंगे
    मेरे और तुम्हारे दरमियान

सुनो चाँद

चाँद को
नाप लेना चाहती हूँ
मन के फीते से

चाँद को
टाँक लेना चाहती हूँ
अपनी दीवार पर

चाँद को
छू लेना चाहती हूँ
अरमानों की उँगलियों से

चाँद को
भर लेना चाहती हूँ
ख़्वाहिशों की बाँहों में

चाँद को
क़ैद कर लेना चाहती हूँ
अतल गहराइयों में

चाँद के साथ
चाहती हूँ गुनगुनाना
हँसना-खेलना

सुनो चाँद !!
बनाकर तुझे दुआ...
सजाना चाहती हूँ
अपने प्रियतम की हथेलियों पे

सारा आकाश

सारा आकाश
...एक शब्द है
शब्द एक भाव है
भाव में संवेदना है
संवेदनाओं में ख़ालीपन है
ख़ालीपन में सन्नाटा
सन्नाटे में ध्वनि है
ध्वनियों में रागिनी है
रागिनियों में साज़ है
साज़ में धुन है
धुनों में गीत है
गीतों में नर्तन है
नर्तन में दर्द है
दर्द में मैं हूँ
मुझमें तुम हो
तुममें सारा आकाश है

रोज़ देखती हूँ
...आकाश सारा
दिख जाऊँ मैं कहीं शायद...
उस नन्ही चिड़िया-सी
जो अपने छोटे-से परों में
समेट लेना चाहती है
सारा आकाश...

साथ तुम्हारे हरदम

मिले जब तुम
जैसे साँसों को
मिल गयी धड़कन

पेड़-पौधे, पशु-पक्षी
धरती-आसमान
अन्तरिक्ष, ग्रह, नक्षत्र, तारे

लहराने लगे सब
चमक गये, दमक गये
रंग बहार ख़ुशबू

साथ तुम्हारा
जैसे बारिश की महक
जैसे चाँद की छुअन

जैसे ख़्वाबों की मुस्कुराहट
जैसे सागर की बूँद-बूँद में
असंख्य लहरों का मतवालापन

जैसे आत्मा का परमात्मा से मिलन
तो फ़िक्र कैसी जानेमन

मैं हूँ साथ तुम्हारे हरदम
उस दुनिया में भी
...जैसे थे इस दुनिया में हम
...ओ अज़हर

समर्पण

एक नाज़ुक-सी बूँद
ढुलक पड़ी थी ओस की
पत्ते के कोर से
और छूते हुए फूल को
निकल गयी प्यार से

सिहरते फूल ने
भरसक कोशिश की थी उस
उड़ते लम्स के अहसास को
अपनी पँखुरियों में
समेट लेने की

पर जज़्बात और चाहत
कब छुए जा सके हैं भला
फूल ने भी मगर
ठान ली थी ज़िद
अहसास को छूने की

फिर क्या था
देखते ही देखते बिखर गया
वो पत्ता-पत्ता होकर
मिट्टी पर चमकते
ओस की उस बूँद पर

चख लिया फिर उसने
उस अमूर्त स्वाद को...
जी लिया उस अद्भुत स्पर्श की
अलौकिक अनुभूति को
जो किसी भी वर्णन से परे है

प्रिय को पाने के लिए
ख़ुद को मिटाना ही होता है–'प्रिये'!

मैं समाधीरत हूँ

ज़िन्दगी के सारे रंग अजीब होते हैं
जो आते हैं नज़र
वही अर्थ नहीं होते उन रंगों के
किस रंग में क्या मिला और क्या बन गया
रंग को भी नहीं पता होता
काले में सफ़ेद मिला और स्याह हो गया
नामालूम सबब में सफ़ेद
किसी का गुनहगार बन जाता
काला तो काला ही था
सफ़ेद को साथ लेकर भी
वो सफ़ेद नहीं हो सकता था
स्याह ज़्यादा ख़तरनाक होता है काले से
स्याह से साँझ का भी अन्देशा हो सकता है
पंछी अपनी उड़ान को विराम देकर
लौट आने की मुद्रा में आ सकता है
रंग का धोखा उसकी राह बदल सकता है
इससे उसका मक़सद आधा रह सकता है
वक़्त से पहले लौटने की ग़लती
उसे भूखा भी रख सकती है
उससे उसका ठौर...उसका विश्वास छीन सकती है
अच्छा-भला इनसान भी काले को स्याह समझ
साँझ के धोखे में आ सकता है
मगर मुझे तो काले और सफ़ेद का भेद मालूम था

फिर भी स्याह में खोती चली गयी
...डूबती चली गयी
साँझ की बाँसुरी की धुन सुनकर
जंगल में अपनी गज़ा चरती गायें
ख़ुद-ब ख़ुद चली आती थीं
...सखियाँ भी
मगर मैं प्रतीक्षित ही रह गयी

इस अनन्त साँझ में बाँसुरी की धुन के लिए
बाँसुरी बजी तो थी
साँझ में नहीं, काली रात में
मेरी स्याह साँझ
काली रात में बदली ही नहीं
बाँसुरी की धुन कैसे सुनाई देती
सो सुनाई नहीं दी
मेरा सफ़ेद कोरा मन
वहम के काले में मिल
स्याह इश्क़ में बदल चुका था
मैं कभी ना आने वाली काली रात के इन्तज़ार में
नक़ली स्याह में बैठी रही
बाँसुरी मेरी कल्पना के बाहर
काली रात में बजती रही
रसिक मुस्कुराता रहा
अन्य राधाएँ मदहोश होती रहीं
मैं रुक्मिणी ठगी-सी रह गयी
लेकिन बावजूद इसके प्रतीक्षा है
कभी तो सुनाई देगी वो धुन
जिस पर जीव का अधिकार है
प्रतीक्षा में बैठे-बैठे चाहे बन जाऊँ
पत्थर की मूरत ही

जानती हूँ वह किसी भी भेस में आ सकता है
मर्यादा के प्रतिरूप में भी
मगर मुझे मर्यादा के आरोपित रूप से इनकार है
इसलिए चाह नहीं कोई मुझे अपने स्पर्श से
पुनर्जीवित करने की कोशिश करे
मेरी पवित्र प्रतीक्षा को ये कभी स्वीकार नहीं

स्त्री उस स्याह रूप को पहचान गयी थी
इसीलिए धरती में समा गयी
उस मर्यादा के क्षत-विक्षत रूप को
दुबारा स्वीकर नहीं किया
स्वाँग को देखने के लिए
विरहिणी की आँखों की ज़रूरत है
लेकिन मैं विरहिणी नहीं हूँ
मैं सिर्फ़ सफ़ेद हूँ
सफ़ेद सर्द ठण्डा रूप
जो दहक रहा है
अन्दर ही अन्दर उबल रहा है
लावा फूटकर बाहर आने को है
बाँसुरी के छल को गलना ही होगा
काली रात को सफ़ेद सुबह तक चलकर आना ही होगा
साँझ को ख़त्म होना ही होगा
इन्द्रधनुष के प्राकृतिक रूप के खिलने तक
मैं समाधीरत हूँ

मैं भी दरवेशी हो रही थी

एक बार आसमान ने देखा
एक ख़ूबसूरत-सा ख़्वाब
एक महकती झील में
पिघलता सूरज
अठखेलियाँ करता
प्रेम रागिनियों के साथ
झूमता हुआ बहता जा रहा था

और दो प्रेमिल आत्माएँ
झील के किनारे बने
पवित्र देवालय में
नर्तन में लीन
दरवेशी होती जा रही थीं
ख़ुशियों की एक पताका
इस मिलन की साक्षी बन
हवा में लहरा रही थी

मैं कुछ पूछती
इससे पहले ही आसमाँ ने
अपना सुनहरा रंग
मुझ पर पूरा उड़ेल दिया
अब मैं भी सूरज के साथ

झील में बह रही थी
और दो आत्माओं के इस
अद्भुत मिलन को जी रही थी

अब मैं भी दरवेशी हो रही थी...

मैं और हरा रंग

हरे शब्द
नंगे पैर चलकर गये हैं
तुम्हारे पास
देखना...
कहीं पीले न पड़ जायें
मैं किताबों के बीच में
किसी पन्ने पर नक़्श बनकर
नहीं रहना चाहती
मुझे तुम्हारे लम्स
हरा रखेंगे ताउम्र
बस मुझे अपनी
क़मीज़ की जेब में रख लेना
मैं छत की मुँडेर पर बैठी
चिड़िया की तरह तकती रहूँगी तुम्हें
और फिर कभी-कभी तुम
जेब से बाहर निकालकर मुझे
अपनी हथेली पे बैठा लेना
हरे शब्द ख़ुद-ब-ख़ुद
अमर गीत बन गूँज उठेंगे

हरे शब्द
नंगे पैर चलकर गये हैं
तुम्हारे पास
देखना...
कहीं छाले न पड़ जायें

मुझमें तू है/तुझमें मैं हूँ

साँझ है...
यादें हैं...
रंग है...
सूरज है...

ये सब हैं तेरे अन्दर...
और
मैं हूँ...

मेरे अन्दर...
सब समेटे...
तुम हो...

मेरा मन

लाल-लाल पत्तों-सा
झरता-झरता मन

शीतल नरम झील
बहता-बहता मन

कोमल सुनहरा सूरज
दहकता-दहकता मन

मन्द-मन्द लहराती हवा
उड़ता-उड़ता मन

पीहू-पीहू करता पपीहा
विरही होता मेरा मन

मैं और मेरा मन

ग़ज़ब की है
तेरी तिलस्मी दुनिया
देखो न...
मैं और मेरा ये बावरा मन
हर पल इसी में
चाहते हैं रहना

जानती हूँ...
कभी कोई ऐसा दरवाज़ा
नहीं आयेगा नज़र
जो पहुँचा दे मुझे
उस प्रेमिल ख़ज़ाने तक
जिसके बारे में सुनते-सुनते
पहुँचा है यहाँ तक
यह भोला मन

इस अजीबोग़रीब महल में
दाख़िल होने के बाद
नहीं मिलेगा कोई दरवाज़ा
बाहर जाने का
कि निकल जाऊँ बाहर
कभी अगर घबराये मन
अकेले भटकते-भटकते
मोह का अन्धापन जो न करवाये

बावजूद इसके
तिलिस्म ये तेरा
हमें लुभाता है बहुत
रहना चाहते हैं ताक़यामत
इस अनजाने तिलिस्मी घेरे में
उम्मीदों का दामन थामे
मैं और मेरा मन

मेरे अक्षर

ढुलक रहे हैं नैनों से अक्षर
सुबह-शाम धीरे-धीरे
तुम इन्हें पढ़ नहीं पाये
कोई बात नहीं मेरे साथी
शाम ढले जब कहीं
चाँदनी का उजास फैलेगा
तुम्हें ये चाँद-सा नज़र आएँगे
और पाकर तुम्हारा सीप-सा स्पर्श
मोती बनकर मुस्कुराएँगे

दरख़्तों से छनकर आती
हवा की स्वरलहरियाँ
बना देंगी इन अक्षरों को
बावरी दरवेशी
और फिर ये तुम्हारे गिर्द
चक्कर लगाते-लगाते
कहीं किसी क्षण टूटकर
बिखरकर तुममें समा जायेंगे

या कभी किसी रात
सुनहरी चादर ओढ़े
देख रहे होगे जब तुम
कोई ख़ूबसूरत ख़्वाब

ये अक्षर तुम्हारे सिरहाने
खड़े हौले-हौले जगमगाते रहेंगे
और लोगे तुम जब करवट
तुम्हारी पीठ पर
ये अंकित हो जायेंगे

जब कभी जागोगे तुम
ये तुम्हें हरी दूब पर
ओस जैसे दिखेंगे
पंछियों की चहचाहट में
सूरज के हर आकार में
झील में तैरते हंसों के जोड़ों में
फूलों के हसीन रंगों में
शाख़ के पत्ते-पत्ते में होगी
इन अक्षरों की अलग-अलग आपकथा

शायद कभी किसी पहर
तुम इन्हें पढ़ लो
ये अक्षर अनवरत जागृत अवस्था में हैं

मेरा होना

मैं रहूँ, तब भी
मैं ना रहूँ, तब भी
ये 'क्यूँ' हर हाल रहेगा
और जब तक ये 'क्यूँ' रहेगा
मेरे होने का अहसास
होता रहेगा स्पन्दित
तुम्हारे अन्तर्मन के
उस अणु से कोने में
 ...जो मेरा है

मधुर-सा दर्द

दर्द भी
कभी-कभी
रचते हैं सम्मोहन

सेतु के
इस पार से
उस पार तक

कभी तावीज़ बन
कभी मन्त्रोच्चार-सा
हर छटपटाहट से परे

जन्मों-जन्मों का क़रार लिये
कभी अदृश्य बन
कभी द्रष्टा बन

किसी चुनरी की महक लिये
गेसुओं के शोर में
कभी गलबहियों में

वायलिन की धुन पे
चाहतों के रंगों से
लिखे ख़तों में

दर्द भी
कभी-कभी
होते हैं तुम-सा मधुर

मन मेरे

मन मेरे
उड़ता चल
बादलों के संगीत के साथ
यादों की रिमझिम बूँदों के साथ
अश्रुओं की धारा के साथ
बिजली की रेखाओं के साथ
ग़म की आग के साथ
मिलन की आस के साथ
मन मेरे
उड़ता चल
दिगन्त की ओर

भीगे अलाव

उस पार...
ख़ामोशियाँ बुन रही हैं
एक गर्म स्वेटर ऊनी
जानती जो हैं
शब्दों के ठण्डेपन को
गर्माहट की ज़रूरत है

इस पार...
बारिश में भीगे अलाव लिये
मैं तुम्हारी प्रतीक्षा में हूँ
कि सूखे अरमानों के
चटखने पे शब्द
कहीं झुलस न जायें

बौराया इश्क़

साँसों की धनक
आँखों के गर्म रेशे
और रात की करवटें
यादों के झोंकों के साथ
हवा में घुलमिलकर
रवाना हुई थीं तुम्हारे सिम्त
पिछली शाम धीरे-धीरे

जाने क्या वक़्त हुआ होगा
शायद अलसुबह
या दोपहर ने बजाया था घण्टा
शाम का पहर भी रहा हो
या रात, मालूम नहीं
मगर बेचैनियों ने दी थी दस्तक
तुम्हारे सीने में बार-बार

तुम्हें बेहद शौक़ था
ख़ूबसूरत परिन्दों को पालने का
उस दिन भी बिखरे पड़े थे दाने
और नाच रही थीं उड़ानें
तुम्हारे इर्दगिर्द
चुक गया मेरा आना-जाना
तुम्हारी मसरूफ़ियत की धुन में

मगर कोई बात नहीं
तुम्हारी खिड़की के बाहर
एक दरख़्त लहलहा रहा है
मेरी साँवली-सी साँसें
आँखों की लाल-लाल डोरों
और वक़्त की करवटों को लिये
उसकी हर शाख़ से लिपटी हुई हैं

कभी किसी दिन
खोलोगे जब खिड़की
देखना तुम्हारी महक से
दरख़्त की हरीतिमा
कैसे गुलाबी होकर
आसमाँ को बना देगी
इन्द्रधनुष-सा ख़ूबसूरत

और इश्क़ की बेचैनियाँ
तुम्हारी आँखों का लम्स पाकर
खिल उठेंगी फूल-सी
बिछ जायेंगी फिर धरती पर
सुकूँ की चादर बन
और समा जायेंगी मिट्टी में
अर्पण कर सर्वस्व अपना
सुनो, वक़्त के रहते
अपनी खिड़की खोल लेना
क्योंकि झुलसे हुए इन्तज़ार का वज़न
हरक्यूलिस के काँधे नहीं उठा पायेंगे
और बौराये इश्क़ की महक को
अपनी समस्त दैवीय शक्तियों के साथ
यह आसमाँ भी नहीं सँभाल सकता

प्रयोगशाला

खोना और समाना
समाना और पाना
पाना और खोना
खोना और मिल जाना
यही रासायनिक प्रक्रिया है
परमात्मा को पाने की
मैं अभी प्रयोगशाला में हूँ

तुम्हारे लिए-मेरे लिए

अनगिनत राहें
तुम्हारे लिए
उसके लिए
सबके लिए

अनगिनत प्रश्न
मेरे लिए
मेरे लिए
मेरे लिए

प्रतीक्षा

दूर आकाश में
ढलते सूरज के साथ
उड़ते पक्षियों के झुण्ड को
अपने घरौंदे की ओर
लौटते देख–
सोचती मैं
कब ढलेगा मेरा सूरज
कब लौटूँगी मैं भी
अपने घरौंदे

प्रेम और अभिमान

ओ चन्द्रमा
बड़े हठी हो तुम
पर कबीर याद हैं न तुम्हें
प्रेम और अभिमान
एक ही घर में नहीं रह सकते
ऐसा ही तो कहा था उन्होंने

तुम तो युगों से साक्षी हो
हर शब्द के
हर ध्वनि के
राग-रागिनियों के
हर उन धागों के
जो दरख़्त के चारों ओर
लपेटे गये थे इसीलिए
कि तुम्हारी रौशनी में
ये रातों को भी जगमगाएँगें

तुम साक्षी हो
देवालय में होने वाली
हर उस एक प्रार्थना के
जो किसी प्रेयसी ने की थी
कभी अपने प्रियतम के लिए
जब पूरा जग रात के सन्नाटे में

निस्तब्धता की आगोश में रहता था
और वो चातक की तरह
उसकी प्रतीक्षा करती रहती थी

तुमने ही तो बताया था एक दिन
इश्क़ का रंग उजला होता है
अपनी चाहतों का रंग जैसे चाहो भर दो
अब जब मैंने अपनी कूची उठायी
तुम बादलों की ओट में चले गये
कि उन रंगों का अस्तित्व मिट जाये
और उजले इश्क़ पर
तुम्हारे हठ की कालिमा छा जाये
और बंजर हो जाये
उसके रंगों का गीलापन

सुनो चन्द्रमा
मेरा इश्क़ कबीर की लाली है
मुझे तुम्हारे हठ में
वही लाली नज़र आती है
और मैं भी लाल हो जाती हूँ
मुझे और किसी रंग की
ज़रूरत ही नहीं है अब
तुम अपने अभिमान के साथ रहो
मैं अपनी आराधना में मगन हूँ

जीवन-बीज

इन आँखों में
तैर रही है अब

धूप की गुनगुनाहट
कपोल सिक्त हो गये हैं

और हृदय गीली मिट्टी
रूह को अब यक़ीन है

जीवन के बीज
अँकुरित होने वाले हैं

मई के लम्बे दिनों में

मई के लम्बे दिनों में
जीवन की उमस-भरी तपिश में
कोमल साँझें
बहुत छोटी होती हैं
जानती हूँ मैं

हर अलसुबह
मेरी रात चुक जाती है
कि कोई अगोचर कथा
आँखों में गुँथती रहती है
विरह के अदृश्य धागे

मेरी रूह की नमी
शुष्क हो जाती है गर्म लू की चाल से
चमक फीकी पड़ जाती है
और इसके अनेक स्वरों का संगीत
मूक हो जाता है फिर

मेरा गर्व टूटकर
मूर्छित पड़ा रहता है भरी दुपहरी
मिलन की आस हृदयपुरी में
लज्जित होकर रेत होती जाती है
आकाशकुसुम मुरझा जाते हैं

कल्पना और यथार्थ के बीच
गति और कर्म के बीच
आ जाती है फिर तेरी छाया
क्योंकि तू ही है सौन्दर्य
मेरी अनन्त राग-रागिनियों का

प्राप्य की सघनता
कलकण्ठ स्वरों में कहती है
तुम्हारा-मेरा मिलन होगा
गर्म हवाएँ चाहे
गीतों को झुलसा ही दें

थोड़ी-सी जगह
अगर दे दोगे तुम मुझे वहाँ
तुम्हारे स्वरों की धारा झरती है जहाँ
अपने प्राणों में तब भर लूँगी उसे
प्रेम-वीणा के तार बजाऊँगी तब

अपने प्रेम की महक लिये
बैठूँगी फिर मैं
तुम्हारे स्पर्श की आग के निकट
साँसों की लय पर बहेंगी
तब आकाशगंगाएँ

उस समय काव्य नहीं, हम सृजित होंगे, प्रियवर!

मेरे सुकून

सूरज डूब गया
कोई नयी बात नहीं
इसे जाना ही था
रोज़ की तरह
फिर लौटकर आने के लिए

तुम लौटकर नहीं आये
मेरे सुकून!

बीते दिनों एक छोटी-सी बात

दीवारों पर लगे ख़ूबसूरत फ्रेम
कितनी ही दास्तानों के साक्षी होते हैं
खट्टी-मीठी शैतान चुहलबाज़ियाँ
मुस्कुराती रहती हैं इन तस्वीरों में
एक दिन किसी एक फ्रेम ने
मेरी आँखों से कुछ चुगली लगायी
मगर उलझना नहीं चाहती थी
उसकी बातों में आकर मैं

मगर बहरी नहीं बन पायी यह बात और है
और दो लफ़्ज़ सवाल के
अंकित हो गये थे आँखों में
सवाल बहसों के इनसाइक्लोपीडिया बन गये
उस दिन झूठ अपना रंग खो चुका था
कि आईने के आर-पार दिख गये थे
जाने और कितने ही छुपे अक्स

बड़ी आसानी से झूठ ने कहा–
..."इसमें हर्ज ही क्या है
ऐसा तो हो जाता है"
कभी-कभी कैमरे के दायरे में
आ जाती हैं आसपास की कलियाँ
और फिर उसने डपटते हुए कहा था–

"हाँ तो...?"
विस्मित नेत्रों ने तड़पकर कहा–
"...तो कुछ नहीं..."
और फिर सागर लुढ़कते गये
लुढ़कते चले गये...
कब तक इसका होश तो नहीं रहा
जब बायें कन्धे ने कोशिश की थी
उन लुढ़कते पलों को रोकने की
तब उस पर एक गुमसुम-सी शाल थी
और जब दायें हाथ ने कोशिश की थी
सूखे निशानों को थामने की
तो वहाँ कई रेखाएँ नज़र आयीं

ओह! शायद सूरज
जा चुका था कई दस्तक देकर
कृष्ण और शुक्ल पक्षों ने भी
लगायी होगी हाज़िरी कई बार
और जाने कितने नये-पुराने तारे
टूटे और बिखरे होंगे इस फ़लक पर
सामने के दरख़्त पर था एक घोंसला
जिसमें एक चिड़िया ने दिये थे
कुछ ख़ूबसूरत-से सफ़ेद अण्डे
वे शायद अब उड़ान भर चुके होंगे
मैं उन्हें उड़ते देखना चाहती थी
बाहर आते देखना चाहती थी
उन्हें चोंच में चोंच मिलाकर
दाना चुगते देखना चाहती थी
उन्हें चहचाहते हुए देखना चाहती थी
मगर रिक्त रह गयी मैं उस अनुभव से

यादों की नदी सूख चुकी थी
...और उग आयी थी
एक ख़ूबसूरत-सी दीवार
आँखों के बंजर रेगिस्तान पर
जिस पर जड़े हुए थे कई रंगीन फ्रेम
या ठुके हुए थे कीलों से...पता नहीं
मगर उनमें अब तस्वीरें नदारद थीं
ना मैं थी किसी फ्रेम में
तुम भी नहीं थे किसी फ्रेम में
दीवार के अलग-अलग तरफ़ थे
दो अलग-अलग मुर्दा धड़कनें
बीते दिनों की अनहोनी को
किसी दिन भुला दिये जाने के लिए

तेरा नाम

बिना परों के भी
परिन्दा भर लेता है
एक ऊँची उड़ान
हवा की मुहब्बत के सहारे
मैंने भी छोड़ दिया है
ख़्वाबों को अपने
सातवें आसमाँ की सैर के लिए
...तेरा नाम देकर

ढलती साँझ

ढलती साँझ के साथ
आख़िर एक दिन...
पत्तों का हरा रंग भी ढल गया

बाँसुरी पर अब
किसी और की साँसें...
सरगम दे रही थीं थिरकते हुए

झील की धड़कन
विरह की तपिश में...
सूखकर रेखाओं में बिखर गयी

पुतलियाँ ने हारकर
सूनी आँखों के...
रेतीले सागर में समाधी ले ली

तुममें होने का अर्थ

एक बार भाव
अपनी सुनहरी आँखों पर
...ख्वाबों की
रंगीन पट्टी बाँधकर
कर रहे थे कोशिश
...शब्दों को छूने की
और पहुँच गये
आनन-फ़ानन में
अपनी किताब के पन्नों तक
जिसे पढ़ रहे थे तुम उस वक़्त
तुमने कई-कई बार पलटा
...उस पन्ने को
जैसे कुछ तलाश रहे थे
जैसे कुछ अचम्भित हो रहे थे
जैसे तुमने महसूस कर लिया था
कि उस वक़्त उन पन्नों में
...कोई शब्द नहीं
'मैं' खुद अंकित थी

मैंने देखा...
तुमने असहज होकर
किताब को बन्द कर
दूसरी किताबों के मध्य

...उसे रख दिया
और अपनी उँगलियों के
कम्पन पर क़ाबू पाने के लिए
अपने दोनों हाथों को
कोट की जेब में डाल लिया

तुम्हारी आँखें लेकिन
...उस वक़्त भी
बार-बार उसी किताब पर
फिर-फिर आ रही थीं
जिसमें अंकित थी मैं
...तुम्हारी चाहत में!

जानती हूँ तुम्हें भी प्रिय हैं
वे सारे भाव
जिन्हें तुमने
बन्द करके रख दिये हैं
मगर मैं किताबों में नहीं हूँ
तुम्हारे अन्दर हूँ...
...तुम्हारी साँसों में हूँ
तुम्हारी परछाईं हूँ...
शायद कभी समझोगे
...तुममें होने का अर्थ क्या है मेरे लिए!

मोह

दूर समतल मैदान में
एक रेगिस्तानी कोना है
जहाँ बरगद-सा कोई वृक्ष
अपने आख़िरी पत्ते के...
झड़ने की प्रतीक्षा में हर बार
सूनी आँखों से देखता रहता है
ऋतुओं का थिरकना
...चहकना, खिलखिलाना
फिर थककर उनका पसर जाना

ये बरगद-सा वृक्ष जीवित है
...और मेरे अहसास भी
इस इकलौते पत्ते को बरसों से
चिपका देख सोच रही हूँ
...ये मुहब्बत है या मोह
कि साथ छूटता नहीं ज़िन्दगी से

तुमसे है मेरा विस्तार

तुम्हारी मुस्कुराहट
पहाड़ों के बीच बहती नदी-सी
किनारों को सुवासित करती
उनसे बतियाती
उनकी सुनती, सुनाती

तुम्हारी मुहब्बत
अपनी लहरों में जैसे समुद्र
गति में रंग घोलती
गति से रंग घोलती
रंगों को हवा में बिखेरती

तुम्हारा होना
सृष्टि का ख़ुशगवार होना
आसमान का सतरंगी बनना
दरख़्तों का हरियाना
मेरा विस्तृत होते जाना

एक अध्याय

किसी एक रोज़
अपने रंगों से
अपने शब्दों से
खींची थीं तुमने
...कुछ रेखाएँ
इस अनन्त आकाश में

और कहा था

...साँझ ढले
जब सिन्दूरी रंग
इनमें समाने लगेगा
सूरज तुम्हारे पोरों पर
ख़ुद थिरकने लगेगा

और चाँद
बादलों की ओट से
मुस्कुराते हुए चुपके से
झील के सुनहरे दर्पण में
तुम्हारा दीदार करेगा

मेरे और तुम्हारे
अद्‌भुत मिलन का
जुड़ जायेगा तब
एक नया अध्याय
...इस फ़लक पे

मैं नये अध्याय की प्रतीक्षा में हूँ
...तब से!

साँझ का समय

साँझ का समय
पर्दों की झीनी आड़ को समेटे बादल
सूरज की अन्तिम किरणों से
सुनहरे रंगों को बिखरने की अनुमति देता
दूर एक कोने में बैठा मुस्कुरा रहा है

और सूरज
अपनी अन्तिम दृष्टि मुझ पर डाल
स्वर्णिम अलविदा कहता है
मैं ख़ामोशी की चादर लपेटे
झिलमिलाती नदी की लहरों को ताकती
मन्त्रमुग्ध-सी प्रतीक्षारत...

एक गुज़ारिश

सपनों का टूटना
उतना ख़तरनाक नहीं होता
जितना खो जाना...

मेरे सपने टूटते हैं हर नींद में
दिन भर बुनती हूँ फिर कुछ नये
टूटकर बिखर जाने के लिए

ये टूटना और बुनना
चक्र है मेरे जीवन का
तुम खोना नहीं मेरे सपनो

यहाँ भीड़ बहुत है
और तलाशने में
बड़ी कमज़ोर हूँ मैं...

अनकही प्रतीक्षा

रोज़ की तरह
आज भी सूरज डूबा
आँखें झुकाये आसमान
मेरे पास बैठा था
तुम्हारे न होने का विषाद
हमारे बीच व्याप्त था

पर न मैंने कुछ कहा
और ना ही आसमान ने
दोनों ख़ामोशी से
उन शब्दों को सुनते रहे
जो शायद कभी
वुजूद में ही नहीं आये

झील की तरंगें
राग विरह गा रही थीं
और विदेही मन
आसमाँ के काँधों पे
सर टिकाये अपना नमक
सुखा रहा था
साँझ अब गहराने लगी
आसमान आहिस्ता-आहिस्ता
सिमटने लगा था

झील भी शान्त हो गयी
दरख़्तों के साये
उजाले की आस में सो गये

चाँद किसी अनकही प्रतीक्षा में
अधलेटा उदास अधूरा-सा
सामने वाले दरख़्त पर टँगा था
और इधर मेरी डूबती आँखें
तुम्हारी आमद की कहानी
झील की सफ़ों पे लिख रही थीं

अब तो कई युग बीत गये

जब नदी किनारे
हम मिला करते थे
तो नदी लहराती हुई
हमारे क़दम चूमने आ जाती थी
अब तो कई युग बीत गये
तुम्हें याद है न...

हरी घास पर बैठे
जब हम गिन रहे होते थे
रूमानी घड़ियाँ
हरी घास कैसे-कैसे
गुलाबी हो जाया करती थी
तुम्हें याद है न...

पहाड़ के अन्तिम छोर पे
अपने दोनों पैरों को लटकाये
शाम के धुँधलके में जब हम
आसमाँ की ओर ताकते
घाटियाँ जैसे तारों से भर जातीं
तुम्हें याद है न...

जब तुम खिलखिलाते थे
उन्मुक्त धरती

जैसे खिल जाती थी
तुम्हारे अन्तस की चमक से
मेरी आँखें चौंधिया जाती थीं
तुम्हें याद है न...

जाने कितनी कविताएँ
लिखवायीं तुमने मुझसे...
कितनी तुम्हें कण्ठस्थ हो गयीं
जिन काग़ज़ों पर लिखती थी कविता
बनाकर उसकी नौका तुम
बहा देते थे भावनाओं की नदी में
तुम्हें याद है न...

धमनियों में तुम्हारा बहना
बादलों का तड़पना
परिन्दों का चहचाहना
दरख़्तों का झुकना
रंगों का एक हो जाना
मुझे सब याद है...
तुम्हें याद है न...
अब तो कई युग बीत गये

कँवल

आँखों से जो बहे
रेत हो गये थे
    मैंने रेत में
    एक कँवल देखा है

झील

जज़्बातों से भरी एक झील
जहाँ सूरज की लाली है
चाँद की उजली शीतलता है
गरमी की साँझ की बयार है
जाड़ों की नर्म-नर्म गरमाहट है
पीताम्बरी बसन्त की रौनक है
सूखे पत्तों में बहता हुआ पतझड़ है
बारिश के बूँदों की खनक है
और सावन की हरी-हरी चमक है

कैसे बताऊँ तोहे ओ मोरे पिया...
कैसे-कैसे रंग हैं जाने इस झील में

हिज्र

मुबारकाँ-ए-चाँद
कि...तू है
तेरा मुर्शिद है
वस्ल की रात है

फ़िक्र न कर
दरख़्त पे टँगी
मेरी रूह को
हिज्र की आदत है

हर्फ़

हर्फ़ों को जलने दो
फ़िक्र मत करो
ये ख़ाक नहीं होंगे
पिघलेंगे भी नहीं
जितना जलेंगे
उतना चमकेंगे

सागर

मैंने कहा–
बड़ा मुश्किल है सागर की गहराई मापना
उसने कहा–
क्या ज़रूरत है उसे मापने की
सागर को सागर ही रहने दो ना

साँझ का समय

साँझ का समय
पर्दों की झीनी आड़ को समेटे बादल
सूरज की अन्तिम किरणों से
सुनहरे रंगों को बिखरने की अनुमति देता
दूर एक कोने में बैठा मुस्कुरा रहा है

और सूरज
अपनी अन्तिम दृष्टि मुझ पर डाल
स्वर्णिम अलविदा कहता है
मैं ख़ामोशी की चादर लपेटे
झिलमिलाती नदी की लहरों को ताकती
मन्त्रमुग्ध-सी प्रतीक्षारत...

इतनी-सी एक कविता

सूरज की आग
मटियाली-सी चाँदनी
सागर की उफान
ठूँठ-से दरख़्त
चिड़ियों की चीख़

बिखरे ख़्वाब
बेशुमार टुकड़े
रक्त की बूँदे
उजले विश्वासघात
अनगिनत सवाल
...बस इतनी-सी एक कविता

पूर्ण-अपूर्ण

हवा का
साँसें होना बाक़ी है

सूरज का
स्वर्ण होना बाक़ी है

पतझड़ का
बसन्त होना बाक़ी है

चाँद का
मधुर होना बाक़ी है

रूह का
परम होना बाक़ी है

अशेष का
शेष होना बाक़ी है

प्रतीक्षा का प्रतीक्षा में
लीन होना बाक़ी है

पूर्ण होने को
आतुर, सब बाक़ी है

आशियाना

हो गयी शाम
लौट रहे परिन्दे

रूह तलाश रही
अपना आशियाना
मगर अब तलक

जिज्ञासा

बरसो बरखा रानी बरसो
रिमझिम करके बरसो
घन-घन करके बरसो
हौले-हौले बरसो...
ज़ोर-ज़ोर से गरज-गरज के बरसो
लेकिन मेरी एक बात सुनो ज़रा
सुनो तो...
सिर्फ़ एक बार...
सिर्फ़ एक ही बात...
फिर नहीं कहूँगी कुछ भी
जो मन में आये करना...
बरसना, बहना या बहा देना
आलिंगन में अपने सबको ले लेना
मगर बस एक जिज्ञासा है मेरे अन्दर

...ये आग जो लगी है धरा के अन्तस में
क्या वो बुझ पायेगी एक ही दिन में...?

मिट्टी

क़दमों के निशाँ देखकर सोचा था
होगी इबादत की जगह आगे कोई
समानान्तर खींची रेखा तो...
ख़ुद को श्मशान में खड़ी पाया

पर अब कोई ग़म नहीं कि
बसा ली है मैंने दुनिया अपनी वहीं
जहाँ ख़ाक हो जाते हैं सब
मिट्टी से ही बनने के बाद

एक प्रेमिल साँझ

दग्ध आत्माएँ
तप्त अग्निकणिकाएँ
विकल हवाएँ

आज तूने
फिर ये कौन सा
तार छेड़ दिया

...विरह गाथा का

सुनो साँझ
किसी रोज़ अदेह बनकर
तुममें व्याप जाऊँगी

फिर सारे क़िस्से
मधुर गीतों में
झिलमिल मुस्कुरायेंगे

...महाशून्य के फ़लक पर

क्रिया

मेरा होना
धरती से फूटना
रूह का घुल जाना

तुम्हारा होना
बार-बार महकना
हर बार तृप्त होना

तेरा मेरा होना
हममें ढलते जाना
एक जादुई अहसास होना

हमारा होना
शब्दों का खोना
परम का जनमना

परिक्रमा

एक प्रार्थना गूँजी
आसमान का हृदय
विचलित हुआ
किरणें बिखरीं
रंगों का विस्फोट हुआ
सुनहरे बादलों ने
प्रतिध्वनियों को समेट
मेरे रुख़ को मोड़ दिया

आँखें अचम्भित हुईं
सुनहरे मोतियों की माला
वाष्पित होकर
तुम्हारी उँगलियों पे
पिघलती नज़र आयी
रक्तिम पुष्प जैसे
अँजुरियों से बह
मेरे जूड़े की वेणी बन गया

आहा प्रिये!
आज मैंने किसी देवालय की
परिक्रमा सम्पूर्ण कर ली हो जैसे

बसन्त

पीले रंग! समझ गयी मैं...
बसन्त दस्तक दे चुका है...
तुम्हारा स्वागत है यहाँ
महकी है ये बगिया जैसे
सबके मन को भी महका देना
पतझड़ के सूखे-सूखे पत्तों से
मुरझाये दिलों की उदासी को
अपने सुर्ख़ रंगों से भर देना

और सुनो पीले बसन्त
शरद की आग में तपकर
कुन्दन-सी काया पायी है तुमने
इसलिए ओ दीप्तिमान बसन्त
अपनी स्वर्णिम आभा से
जीवन के सारे रंगों को
आलोकित कर जगमगा देना
और कुछ पलों के लिए ही सही
सबके होंठों पर एक पतली-सी
सुनहरी रेखा तुम खींच ही देना

एक और निवेदन है मेरा तुमसे
अपनी बसन्ती बयार के साथ-साथ
मेरी महक भी मीत तक पहुँचा देना
साँसों से जब वो खींचे महक तो
मुझे भी उसके अन्तस में बसा देना

यात्रा (1)

जिस्म ज़िन्दा है
रूह फ़ना हो चुकी है
कहने और भोगने के दरमियाँ
फ़ासला बहुत लम्बा है
एक युग से दूसरे युग तक
जुड़ाव से बिखराव तक

ढलते सूरज के फीकेपन का
नीले से स्याह में
रोज़-रोज़ तब्दील होना
धरती से उखड़े दरख़्त का
पुनर्वास की जद्दोजहद में पस्त होना
मात्र प्राकृतिक क्रिया नहीं है

यह जीवन के अज्ञात स्थान में
अन्तरिक्ष की खोह में आँसुओं से
नमक का टीला बनाने जैसा है
भावनाओं के प्रकाश में गिरते-पड़ते
नीले से चमकदार लाल तक
इसकी एक विस्तृत शृंखला है

इस दिपदिपाते टीले पर
बन्द कानों को दे सकती है सुनाई

ठण्डे फेफड़े की एक आर्तनाद चीख़
जिसके साथ ढह सकती है
कतरनी पानी की दीवार
सबको रंगहीन पदार्थ बनाते हुए

तत्पश्चात् रह जायेगा शेष
प्रथम दृष्टि का कम्पन
आत्मा को ढकता अँधेरा
एक ख़ामोश चीख़
शफ़्फ़ाफ़ सर्द कोलाहल
और जीव की अन्तहीन यात्रा

यह यात्रा ज़रूरी भी तो है सृष्टि के लिए

यात्रा (2)

लम्बे फ़ासले
अनजान रास्ते...

ख़ूबसूरत कारवाँ
चमकती ख़्वाहिशें...

हमनवा क़दम
बुलन्द हौसले...

आँखों में मंज़िल
होंठों पे दुआएँ...

कामयाबी हमसफ़र बनने को तैयार है अब

रोज़-रोज़

गुलाबी-सी शाम आयी
हर रोज़ की तरह

सूरज का रंग बदला
हर रोज़ की तरह

झील महकी-महकी
हर रोज़ की तरह

पेड़ों ने गीत गाये
हर रोज़ की तरह

मैं और इन्तज़ार ढलते रहे
हर रोज़ की तरह

अक्सर नींद आती है मुझसे मिलने

अक्सर आती है नींद
किसी अजनबी की तरह
मिलने मुझसे और
घण्टों गुज़ारती है साथ मेरे

कभी ख़ामोशी में
गुज़रे लम्हात के क़िस्से
बुनते हैं हम दोनों
किसी होशियार बुनकर की तरह

कभी नन्हे बच्चों-से
खिलखिलाते रहते हैं बात-बात पर
कभी इश्क़ के सारे रंगों को
उतार देते हैं आसमानी कैनवास पर

और कभी खेलते हैं चौकड़ी
चाँद-तारों की गोटियाँ बनाकर
कभी कई-कई रातें मोतियों-सी
पिरोते हैं इन्तज़ार की ख़ूबसूरती बढ़ाने को

हम दो किनारों पे बैठे
मिलते हैं उस प्रेमी की तरह

जो बातें तो कर सकते हैं
पर मिल नहीं सकते

या किसी स्टेशन के
दो अजनबी यात्रियों की तरह
होती है हमारी मुलाक़ात...
जो हमसफ़र नहीं बन पाते...

अक्सर नींद आती है
मुझसे मिलने
किसी अजनबी की तरह
...जाने क्यूँ...?

एक अध्याय

किसी एक रोज़
अपने रंगों से
अपने शब्दों से
खींची थी तुमने
...कुछ रेखाएँ
इस अनन्त आकाश में

और कहा था

...साँझ ढले
जब सिन्दूरी रंग
इनमें समाने लगेंगी
सूरज तुम्हारे पोरों पे
ख़ुद थिरकने लगेगा

और चाँद
बादलों की ओट से
मुस्कुराते हुए चुपके से
झील के सुनहरे दर्पण में
तुम्हारा दीदार करेगा

मेरे और तुम्हारे
अद्‌भुत मिलन का
जुड़ जायेगा तब
एक नया अध्याय
...इस फ़लक पे

मैं नये अध्याय की प्रतीक्षा में हूँ
...तब से!

एक बार फिर

हवा ने उदासी से
हौले-से बुदबुदाते हुए कहा–
देखो, तुम्हारे होंठों पे
सलाख़ों-सी दरारें पड़ी हैं
थोड़ा मुस्कुराओ न
मुझे निर्बाध बहना है
...इन होंठों में
ये होंठ रागिनियों को
आज़ाद नग़्मों में ढालकर
रागों के साथ नर्तन का
उत्सव करना चाहते हैं

हवा ने पलकों को
कोमलता से सहलाते हुए कहा–
तुम्हारी पलकें किस क़दर
भारी हो रखी हैं
इन्हें थोड़ा खोलो
मुझे निर्बाध बहना है
...इन आँखों में
ख़्वाबों के परिन्दे इन पलकों पे
चमगादड़ की तरह
उलटे नहीं लटके रहना चाहते

हवा ने फिर
हौले-से गालों पे
बोसों के निशाँ
नक़्श करते हुए कहा–
सुनो, प्रिय!
रोमकूपों से श्वासों का
आवागमन बन्द है
इन्हें आज़ाद करो
मुझे इनमें निर्बाध बहना है
रोमकूपों से श्वेत कणों की धारा
फूल-सी काया पे
प्रेम रस बनकर
ओस बूँदों-सी ढुलकना चाहती है

मैं सुनती रही सब
हवा नहीं जानती
चाहने से कब ख़ुदा मिला है...
और इसलिए मैंने
हवा के बहाव को नज़र-अन्दाज़ कर दिया
एक बार फिर...

फ़न्तासी का रंग...!

लाल और नीला
हरा और पीला
ना-ना केसरिया
या थोड़ा गुलाबी
या बैंगनी ज़रा-सा
मैं सोच रही, सखी
कैसा होगा रंग
मेरी फ़न्तासी का

तुम भी तो हो
मेरी फ़न्तासी में
और वो सब भी
तलाशती हैं मेरी आँखें
एक बार ज़रूर जिन्हें
उन सबका होना
मेरी फ़न्तासी को भरता है
अलग-अलग रंगों से

मेरे दु:खों को, मेरे सुखों को
मेरे अस्तित्व के गर्व को

इसलिए सुनो, सखी
मेरी फ़न्तासी का रंग
तुम सब जैसा है
मेरी फ़न्तासी का रंग
मुझ जैसा है

माँ और पापा के वैवाहिक जीवन की पचासवीं वर्षगाँठ पर

दुनिया की हर रस्म निभाकर
हर सुख-दु:ख के हमराही बनकर
जीवन के इस अग्नि-पथ पर
एक दूजे का सम्बल बनकर
आदर, प्रेम और प्रतिष्ठा कमाकर
ख़ुशियों से हमारी झोली भरकर
...सिखाया है हमें आपने हरदम
जीवनसाथी बनकर उसे निभाने का अर्थ
माता-पिता बनने और उसके दायित्वों का अर्थ
प्रेम, विश्वास, त्याग और परिवार का अर्थ
और इसलिए...
गौरवान्वित हैं हम आपकी सन्तान होकर
आपकी ख़ुशियाँ हैं अब ध्येय हमारा एकमात्र

अब तक लथपथ हूँ मैं...

स्त्री-विमर्श पर चल रही थी
एक लम्बी-चौड़ी बहस...
कई जाने-माने विद्धज्जन
कई नामचीन स्त्रियों की
दे रहे थे गगनचुम्बी मिसालें
आयी तभी एक आवाज़–
मेरा क़ुसूर क्या था...?

सब चौंके...
नहीं दिया दिखाई मगर कहीं कोई
अभी सब हैरतज़दा ही थे कि
फिर आवाज़ आयी–
दूसरी बेटी के रूप में जनमना
मेरा अपराध क्यों है...?

अब सबने देखा
पीछे बैठी थी एक नन्ही गौरैया
रक्तरंजित गौरैया कहती जा रही थी
क्यूँ नहीं मेरे पिता ने
मेरी माँ की कोख में डाला जीवाणु
लड़के पैदा करने वाला...?

मेरी पैदाइश में आख़िर क्या था क़ुसूर माँ का...?
कल माँ की छाती से लगकर
पिया था दूध आख़िरी बार अपने हिस्से का
पिता ने सर मेरा पटककर
दे दी थी सज़ा फिर मौत की
बेटी होने के जुर्म में मुझे

शायद माँ-बहन की गालियाँ बकते-बकते
बेटी की शक्ल में उसे आयी होगी नज़र गाली
अच्छा बताओ तो...
बड़ी होकर मैं भी तो किसी की बीवी बनती
और उसके लिए बच्चा जनती...
उसका वंश आगे बढ़ाती...!

सज़ा दी उसने मुझे फिर
मेरे किस गुनाह की..?
अगर मेरे पिता की माँ को इसी तरह
उसके पिता ने मार दिया होता
और उनकी माँ को उसके पिता ने...
तो क्या वो वुजूद में आया होता...?

सोचती हूँ सबके बापों ने अगर
मार दिया होता अपनी-अपनी लड़की को
तो कितना अच्छा होता...?
फिर हम इन सब झंझटों से ही बच जातीं...
नहीं क्या...?
कमरे में एकदम सन्नाटा-सा छा गया

फिर गौरैया मुस्कुरायी और खिड़की से बाहर उड़ गयी
रक्त की कुछ बूँदें छोड़ गयी जाते-जाते

जैसे कोई भ्रूण पड़ा हो फ़र्श पर...
नामचीनों के हाथों से क़लम छूट गयी
स्त्री-विमर्श के पन्ने-पन्ने तितर-बितर हो गये
गौरैया के प्रश्नों का जवाब नहीं था किसी के पास

उस बच्ची के रक्त से अब तक लथपथ हूँ मैं...

एक अनुत्तरित प्रश्न

ओ ब्रह्मा
सुनो!
एक बार देखो मेरी ओर
बार-बार, जाने कितनी बार
विसर्जित होती हूँ मैं
अपनी ही बनायी नदी मैं
उसी मुस्कान के साथ
जो एक दिन तुमने मेरे होंठों पर
सजायी थी पहली मुलाक़ात में

जाने कैसी है तुम्हारी बुनावट
तुम्हारी इस प्रकृति में
संवेदनाओं का विसर्जन
एक नियम बन गया है
जो लगते हैं सुकोमल
देखती हूँ उन्हें नाचते
ख़ुद को डूबता देखकर

अधिकार के साथ बुलाना
अधिकार के साथ बहा देना
बड़ी अद्‌भुत कारीगरी
भेंट की है इन्हें तुमने
प्रेम में गुँथे पुष्पहार

बने थे जो नवनिर्माण के लिए
किसी वीराने में फेंक
शंख बजाकर निकल जाते हैं सब
उनके इस हुनर से
चौंधियायी रहती हैं
ये उत्सुक आँखें
जिन्हें तुमने ही गढ़ा था

सुनो, प्रिय ब्रह्मा!
अगर दी होती तुमने
मुझे दैवीय शक्तियाँ
मेरे होंठों पे ये मिथ्या मुस्कुराहट
फिर कैसे तुम हाथ गढ़ पाते
कहाँ होता किसी के वश में फिर
मुझे स्थापित और विस्थापित कर पाना
और झूठे आडम्बरों में घेर मुझे
अपना छल सब कैसे छुपा पाते

ओ ब्रह्मा! ओ जनक पिता
जाने क्यूँ स्त्रीमन की व्यथा से
अनभिज्ञ हो तुम अब तक
किन्तु एक प्रश्न चुभ रहा है मुझे बार-बार
तुम्हारी आधी शक्ति मुझसे है
सृष्टि का निर्माण मेरे गर्भ से है
जो हो गयी मैं ही मुर्दा
कैसे तुम पिता बने रह पाओगे...!

युगों से जाने किस नाभिनाल में छिपा है उत्तर इस प्रश्न का!

सुनो मेरे बुद्ध

सुनो मेरे बुद्ध
एक रात चले गये थे तुम
निर्वाण-पथ पर
मुझसे बातें करते-करते

तुमने शायद
मुक्ति पा ली थी
इस दुनिया से तब
एकदम से अचानक

जाते हुए क़दमों की महक
उस कमरे में व्याप्त थी
मेरे नथुनों में, आँखों में
मेरी नाभि की धड़कनों में

इसी महक को पीती आयी थी मैं हमेशा
हाँ! बिल्कुल ठीक यही महक
भेद करना नामुमकिन था
उस रात, जब तुम जा रहे थे

इश्क़ की गन्ध चहुँओर थी
इसलिए समझ नहीं पायी

तुम्हारे प्रस्थान को
तुम्हारे त्याज्य को, पलायन को

तुम्हारी मुक्ति की आकांक्षा ने
जागृत किया हो जगत् को भले ही
लेकिन करते रहते हैं उद्वेलित
मुझे कई-कई प्रश्न बार-बार

जाना ही था तुम्हें तो
मुझसे सम्बन्ध ही क्यों बनाया था
या स्त्री-सुख की लिप्सा ने
रोके रखा था तुम्हें महल में

नहीं, नहीं!
तुम्हारी नीयत पर कोई सन्देह नहीं
बस सोच रही थी
तुम बुद्ध कैसे बन पाये

राज त्याजने का साहस दिखाकर
या रिश्तों से नाता तोड़कर
या मृत्यु ने किया था व्यथित
या विलाप से हो गया था मन खिन्न

ज़िन्दगी की विषमताओं ने
दिखाया था तुम्हें निर्वाण-पथ
जानती हूँ मेरे बुद्ध
सिद्धार्थ से बुद्ध की यात्रा आसान नहीं थी

चले जाते सभी अगर उसी राह
अपने दायित्वों से मुक्त होकर

तो बताओ क्या होता
इस दुनिया के अस्तित्व का

न तुम आराध्य होते
ना कोई साधक होता

इसलिए मैंने संसार निभाया
और संसार का त्याग कर
तुमने दुनिया को जीवनधर्म सिखाया
क्योंकि बुद्ध तुम ही बन सकते थे

औरत

औरत ने जब कहा–
..."दर्द"
तीन भाग पिघल गयी
...धरती

औरत ने जब कहा–
..."संयम"
हो गया अधीर तब
...समन्दर

औरत ने जब कहा–
..."निजत्व"
अनाओं में बिखर गयी
...प्रकृति

औरत ने जब कहा
..."नियति"
रेगिस्तान बन गयी फिर
...औरत

धरती, समन्दर, प्रकृति की
मीलों-यात्रा के बाद...
इनसान रह न पायी फिर
...औरत

ख़ामोशी

लोग कहते हैं
ख़ामोशी
होती है समाधान
...कई समस्याओं का

लेकिन ख़ामोश तो मुर्दा होते हैं...

चिड़िया भला कब
ख़ामोश अच्छी लगती है...?
जो ना करे वो शोर
तो क्या सुबहोशाम...
 और क्या रात...!

नहीं क्या...?

ज़िन्दगी लहरों के समान होती है
उठती है, गिरती है
वो नहीं समाती दो गज़ में
फैलती जाती है दूर-दूर तक

ख़ामोशी से तो
नदी भी नहीं बहती

हवा में भी होती है
...सरसराहट की ध्वनि

होती है खनक
...पत्तों में भी
जंगल भी करता है
...साँय-साँय
और बोलता है सन्नाटा भी

आँखें भी रचती हैं
...शब्दों का संसार
कमरे की सीलिंग पे
लटका बेजान पंखा भी
...चलता है जब
एक आवाज़ घूमने लगती है
...चार दीवारों के बीच

अस्फुट स्वरों में ही सही
गूँगा भी करता है
ख़ुद को अभिव्यक्त
तो फिर कैसे ख़ामोशी
हृदय के शोर को थाम सकती है
कैसे पाट सकती है
दो दिलों की दूरियों को
कैसे अपने वुजूद की तस्वीर
तुम्हारे कानों में घोल सकती है
ख़ामोशी भला
लफ़्ज़ों से बेहतर कैसे हो सकती है...
बोलो न...!

सपनों का छल

एक दोपहर वो आया
ढेरों सपने बेच गया
और चला गया
बग़ैर क़ीमत लिये

मैं आज तक बैठी हूँ
आँखें बन्द किये
कहीं खो ना जाये
ये रंग-बिरंगे सपने

सुनो, प्रिये!
खुली आँखों के सच से ज़्यादा
सपनों का ये छल
बहुत प्रिय है मुझे...!

मिटना फिर उगना मिट जाने के लिए

एक लौ जलती है
कसक होती है
जाने फिर कैसे-कैसे
ख़याल जनमते हैं

कुछ जीना चाहते हैं
कुछ बिखर जाते हैं जीने से पहले
हवा में समा जाते हैं उसके कण
दिखाई नहीं देते मगर

रिसते भी नहीं
टीस उठती है जो
चुभती है बहुत
रुलाते हैं भर-भरकर

लिपट जाते हैं कफ़न-सा
राख हो जाने के लिए
उर्वरक हो जाते हैं फिर
बार-बार बोये जाते हैं

बहुत-बहुत फलते हैं
सुदूर तक फैलते हैं

व्याप जाते हैं
समा जाते हैं

घुल जाते हैं लहू में
और एक हो जाते हैं
फिर मिट जाते हैं
...मेरी तरह...

तुझसे होड़ है मेरी...ओ अभिशाप

अभिशाप और सन्नाटे में होड़ लगी है
ज़िन्दगी को अपनी गिरफ़्त में लेने की
दोनों ही लगे हैं लुभाने में ज़िन्दगी को
अपने नये-नये रंगों से

पर जो अपना है
उसे लुभाने की क्या ज़रूरत है
बारी-बारी भी हक़ जता सकते हैं वो
या फिर एक साथ मिल के भी रह सकते हैं

ज़िन्दगी को तो कोई आपत्ति नहीं
'एक से भले दो' ये सुना है उसने; और
दो क्यूँ चार भी हो जायें तो क्या बुरा है
ख़ूब जमेगा रंग जब मिल बैठेंगे यार चार

यम चाहे खेले टिकली-टिकली या छुपा-छुपी
अँधेरे में तीर मारे या उजाले में वार करे
ज़मीन सिर्फ़ दो गज़ ही है
इसलिए अन्धे का निशाना भी सटीक बैठेगा

इसलिए ज़िन्दगी अभिशप्त हो
या सूनी

झूठ ही सही
ख़ुश है हर हाल में

इन्तज़ार तो है बस
उस एक गजरे का
कहा था उसने
नहीं मिलते हैं यहाँ पर

शायद यम की जीत से पहले
कभी हो जाये अरमान पूरा
तब तक अभिशाप और सन्नाटे को
ऐश करने दो...ज़िन्दगी!

सब ठाठ पड़ा रह जावेगा

देह माटी है
माटी में समाना है
लेकिन रिश्ते माटी नहीं होते
हम आज हैं
कल भी रहें शायद
नियति मगर माटी है
फिर गुमान किस बात का
हर दौड़ का एक अन्त निश्चित है
इसलिए रिश्तों के पड़ाव पर रुकना ज़रूरी होता है
जज़्बात माटी नहीं होते न
रह जाते हैं शब्दों में
कविता, कहानी, नाटक, उपन्यास में
लेकिन नफ़रत में नहीं
घृणा में नहीं
किसी सियासी खेल में नहीं
किसी कुर्सी में भी नहीं
राजा भी माटी होगा
कारिन्दा भी माटी होगा
प्रजा, जीव-जन्तु सब माटी होंगे
सब ठाठ पड़ा रह जावेगा
जब लाद चलेगा बंजारा
अहंकार, वर्चस्व, लाठी, डण्डा
सब पड़ा रह जावेगा

जब माटी पुकारेगी एक सीटी बजाकर
हर माटी पर खिलेगा एक फूल
महकेगा चमन बार-बार
सब ठाठ पड़ा रह जावेगा
जब सूख जायेंगे फूल
छोड़ो अब जाने भी दो, यारो
दो पल शिकायतें छोड़
बाहों में भर लें अपनों को
सब ठाठ पड़ा रह जावेगा
जब अपने लेंगे आँखें मूँद
स्मृतियाँ तभी तक नाचती हैं
जब तक साँसें दहकती हैं
साँसों के ख़ाक होने पे
यादें भी माटी हो जाती हैं
क्या मैं-मैं करता है
क्या तू-तू में मरता है
दो पल ज़रा मुस्कुरा तो ले
सब ठाठ पड़ा रह जावेगा
जाने फिर किसकी बारी आयेगी
जाने कौन माटी हो जावेगा
सब ठाठ पड़ा रह जावेगा
सब माटी हो जावेगा

शोर और सन्नाटा

बहुत शोर है यहाँ
उसने चिढ़कर कहा

मैं ख़ामोशी से उठकर
चली गयी वहाँ से

आज तक वहाँ
सन्नाटा पसरा पड़ा है

सत्य

सत्य क्या है
जो आपने कह दिया–वही!
या इससे इतर भी कोई सत्य!
निकल पड़ी फिर एक दिन यात्रा पर
पोथी-पत्रों की गलियों को खँगाला
भटकती, थकती आँखों ने
जग का कोना-कोना छान मारा
सत्य मगर सत्य जैसा नहीं मिला

व्याकुल आँखें देख रही थीं लगातार
खिड़की भर आसमान का विस्तार
ठहर गयी तभी यात्रा भौचक्की-सी
सुनकर एक बालक की ध्वनि कातर-सी
बाँध दिया था जिसे उसकी माँ ने
एक ठूँठ पेड़ के सख़्त तने से
खाता रहा था मार देर तलक
किसी गूँगे-बहरे जीव की तरह

लगातार गालियाँ बकती माँ
ज़ोर-ज़ोर से मन्त्रोच्चार करती माँ
गोल-गोल घूम गंगाजल छिड़कती माँ
ईश्वर से डरती माँ से सुना मैंने...
धर्म अपना भ्रष्ट करके आया है शैतान

मिटा आया है पूर्वजों का मान-सम्मान
भंगी के घर की रोटी खाकर कलमुहें
हो गया है तू भी अब भंगी समान

टुकुर-टुकुर तकते, हकलाते
पूछा उस बालक ने डरते-डरते–
"माँ, हो गया मैं उस भंगी समान
खाकर उसकी रोटी बस एक रोज़
क्यूँ नहीं हो पाया वह हमारी तरह
खाता है जबकि हमारी रोटी हर रोज़
क्या उसकी रोटी में है ज़्यादा असर
तुम्हारी बनायी रोटियाँ हैं इतनी बेख़बर!"

सुनकर इन मासूम सवालों को
मार गया लकवा माँ के सत्य को
हाथ से छूटा गंगाजल का लोटा
हो गया ढेर वहीं छितराकर
पर सत्य तो सत्य था
एक अपाहिज सत्य, माँ का
एक अनुत्तरित सत्य, बालक का
एक स्पन्दनहीन ठूँठ पेड़-सा सत्य, मेरा

और आपका सत्य...?

शुक्र है हम ज़िन्दा हैं

सुनो, साथी!
जो ज़िन्दा है
वो हर हाल में
शब्दों को जन्म देगा
शब्द ध्वनि को जन्म देंगे
ध्वनि भावों को प्रेषित करेगी
भाव हाहाकार मचायेंगे
हाहाकार हृदय-मन्थन करेंगे
मन्थन सत्य उजागर करेगा
सत्य एक नयी क्रान्ति को जन्म देगा
और क्रान्ति के लिए ज़िन्दा रहना ज़रूरी है
शुक्र है हम ज़िन्दा हैं

रंगीन चश्मा

ख़ुशनसीब हूँ कि मैं ज़िन्दा हूँ अब तक
होती जो किसान की बेटी
तो किसी पेड़ से लटकी होती
या अपनों के पेट की भूख के लिए
ग़रीबी में मिटा रही होती
वहशियों के तन की भूख...
या तिलतिल कर मरते देखती उसे
जनमती जिसे अपनी भूख से सींचकर

ख़ुशनसीब हूँ कि मैं बोल पाने में सक्षम हूँ
कि पिता ने कमाई है हैसियत ऐसी
कि पिज़्ज़ा, बर्गर, केक, समोसे, बिरयानी
और ज़ायक़ेदार खाने के साथ
एयरकंडीशंड कमरे में बैठकर
भुखमरी पर कर सकूँ सार्थक चर्चा
और बता सकूँ किसान की ख़ुदकुशी करने की वजह
कि वो भूख से नहीं मानसिक यन्त्रणा से मरा है

हाँ, ख़ुशनसीब हूँ मैं कि बड़े-से टीवी स्क्रीन पे
अपने सरग़ना की करोड़ो की बोली सुनकर
बेइन्तिहा ख़ुश हो पा रही हूँ अब तक
उस भ्रमजाल को फैलते हुए देखती हूँ
जिसमें बर्फ़ीली नदी में खड़ा कर ग़रीब को

दी जाती है दूर जलते दीये की गर्मी
और हम टीवी पर दिखाये आँकड़ो को देख
लगा लेते हैं विकास का सारा अन्दाज़ा

ख़ुशनसीब हूँ मैं कि अपनी बेटी को दी है सारी सुरक्षा
कि दूसरों की बेटियों की इज़्ज़त बिखर जाने पर
लिखनी होती है मुझे बस कोई दो एक कविता
या जलाकर कुछेक मोमबत्तियाँ और
टपकाकर दो बूँद आँसू करनी होती हैं सभाएँ
और संसद में संवैधानिक बहसों और तकरारों के चूल्हे पर
सेंकने देना होता है जनरक्षकों को चुनावी रोटियाँ
और इस प्रकार हो जाती है बेटियों की इज़्ज़त की रक्षा

ख़ुशनसीब हूँ मैं कि मेरे पास हैं कई रंगीन चश्मे
उन्हें अपनी नाक पर चढ़ाकर कहती हूँ सबसे
ख़्वाब बड़े रंगीन हैं तुम सब भी देखो खुली आँख से
फिर हरियाली भी रंगीन दिखेगी और सूखा भी
बच्चों के काँधे पे सवार काम भी रंगीन दिखेगा
बेरोज़गार और साहबे-रोज़गार भी एक दिखेंगे
चोर, डाकू, नेता, अभिनेता सब एक ही रंग में दिखेंगे
नदी चाहे ख़ून की होगी या पानी की एक-सी दिखेगी

सच कहती हूँ, ख़ुशनसीब हूँ मैं कि सब एक-सा दिखता है मुझे

मैं माँ हूँ

मैं माँ हूँ
इसीलिए मैं धरती हूँ

मैं धरती हूँ
इसीलिए मैं प्रकृति हूँ

मैं प्रकृति हूँ
इसीलिए मैं जीवन हूँ

मैं जीवन हूँ
इसीलिए मैं तुममें हूँ

मैं तुममें हूँ
क्योंकि मैं माँ हूँ

मैं प्रतीक्षा में नहीं हूँ अब...

आना तो निश्चित था
फिर क्यूँ बन्द थे द्वार
तुम्हारे दर्शन के
या जानकर अनजान
बनना स्वभाव है तुम्हारा
कि नित नयी लीलाएँ
रास आती हैं तुम्हें
और प्रेयसी के विरह गीतों में
पाते हो सुख ढेर-सा

सुनो, प्रिये!
विरह गीतों में
कला की अभिव्यंजना नहीं होती
तड़प होती है इश्क़ की
तड़प कोयल के गीतों-सी
या पपीहे की पुकार-सी
सागर की ऊँची-ऊँची लहरों में
चाँद को छू लेने की जो कसक होती है
उसे कभी महसूस किया है तुमने...?

चकोर को तो जानते होगे न...!
या वो भी कोई एक प्रेमी है औरों की तरह..?

कितने तटस्थ हो तुम...
एकनिष्ठ भक्ति चाहते हो पाना
लेकिन स्वयं प्रेमी का अवतार बन बैठे
और बना लिया एक बुलन्द दरवाज़ा
मिलने का समय भी कर दिया निश्चित
कि लोग कतार में रहें
अपनी बारी की प्रतीक्षा में
और तुम्हारे ख़यालों में
गुज़ार दें ज़िन्दगी सारी

मगर मैं कतार में नहीं हूँ, प्रिये!
झील किनारे काई से भरे पत्थरों पर
बैठना पसन्द है मुझे
जहाँ एक तरफ़ कुछ कौवे आते हैं
उड़-उड़कर दाना चुगने
और दूसरी तरफ़
वही पताका लहराती रहती है
जो किसी एक दिन भक्ति में
बाँध दिया था हमने मन्नतों की तरह

झील के जल का स्पर्श
तुम्हारी गर्माहट लिये होता है मेरे लिए
और बनते हैं जो नाना चित्र
आसमान के इस जादुई कैनवास पर
चाँद-सूरज के घटते-बढ़ते आकारों से
उसमें जाने कितने दृश्य क़ैद हैं हमारे संवादों के

इस ख़ूबसूरत जादुई अहसास को
वक़्त की सीमा में नहीं बाँधा जा सकता
इसलिए मुझे इस दरवाज़े से चिढ़ है

जो घण्टों की आवाज़ से खुलता है
घण्टों में नियमों का शोर होता है

इश्क़ तो कस्तूरी है
वो कब बँधी है नियमों से

और इसलिए हमारे दरमियान भी
...कोई बन्धन नहीं
तुम आज़ाद हो दरवाज़े के बन्धन से
मैं कतार से बाहर ख़ुश हूँ
क्योंकि मैं प्रतीक्षा में नहीं हूँ अब

मैं एक औरत हूँ

मैं एक औरत हूँ
बस इतना ही परिचय है मेरा
ये काफ़ी है
ठीक उसी तरह से
जैसे तुम एक मर्द हो
और इतना ही परिचय काफ़ी होता है
हमारी बनायी इस दुनिया में

तुम्हारे दोनों कान हमारे पास हैं
हमारी दोनों आँखें तुम्हारे जैसी हैं
जैसे बदबू तुम्हें आती है
वैसे ही हमें ख़ुशबू भी आती है
लेकिन तुम्हारी खाल से थोड़ी
ज़्यादा नरम खाल होने के बावजूद
मौसम को सहने की क़ुव्वत तुमसे ज़्यादा है

तुम्हारी जैसी ज़बान और भाषा भी है
ये बात और है इस्तेमाल वैसा नहीं है
लहू, हड्डियाँ, माँस, अन्तड़ियाँ, नाड़ियाँ
सबमें बड़ी समानताएँ हैं
हमें तुम्हारी तरह इनसान घोषित करने के लिए
तुम्हारे बिना जैसे जीवन नहीं इस धरती पर
हमारे बिना तुम भी कहाँ मुमकिन कहीं पर

फिर भी बड़ा फ़र्क़ है मर्द के इनसान होने में
और बड़ा फ़र्क़ है औरत के इनसान होने में
हमारी साँसों का हिसाब तुम्हारे पास है
तुम्हारे आठों पहर का ख़याल हमें रखना पड़ता है
हमारी साँसें और तुम्हारे पहर तुम्हारी मर्ज़ी के अधीन हैं
तुम बड़े अच्छे लेखा-जोखाकार हो
हम शून्य का पहाड़ा भी ठीक से नहीं गिन पातीं

देकर याद रखना तुम्हारी आदत नहीं है
और हमें लेकर जीवनपर्यन्त याद रखना होता है
उसे धारण कर सिंचित, अंकुरित और पोषित करना होता है
तुम्हारे ख़्वाबों की गिनती याद रखते-रखते
अपने सपनों के उच्चारण को भूलना होता है
लेकिन छोड़ो बड़ी लम्बी फ़ेहरिस्त है...
तुम्हारे गुणगानों की, तुम्हारे कारनामों की

हमारा तो बस एक ही परिचय है
हम औरत हैं और सिर्फ़ औरत हैं
इतना भर ही मान लो तो काफ़ी है
तुम्हारी ही दुनिया का सन्तुलन बना रहेगा
बाक़ी तो जैसा तुम चाहो
क्योंकि तुम एक मर्द हो
और मैं एक औरत

बस इतना ही है मेरा परिचय

एक वार्तालाप

ओ ऊपरवाले रहम कर
ओ ऊपरवाले त्राहि-माम त्राहि-माम
ओ ऊपरवाले, ऊपरवाले

माँ, ये ऊपरवाला कौन है
बेटा, ये ऊपरवाला हमारा मालिक है
हमारा खेवनहार

अम्मी, ये ऊपरवाला कौन है
बेटा, ये ऊपरवाला हमारा मालिक है
हमारा परवरदिगार

माँ...
अम्मी...
ये ऊपरवाला कहाँ रहता है

बेटा...
ये ऊपरवाला देखो
वहाँ वो देखो वहाँ रहता है

अम्मी...
माँ...
वो कभी दिखाई क्यों नहीं देते

बेटा...
हमारी इबादत में ईमान की कमी होती है न, इसीलिए

क्योंकि बेटा...
वे सच्चे भक्तों को ही दिखाई देते हैं केवल

जानती हैं आप
मेरे दोस्त की माँ ने भी उससे यही कहा
जो आप कहती रहती हैं मुझसे हरदम

मगर माँ...
मगर अम्मी...
एक बात समझ नहीं पा रहा मैं
जब दोनों ही ऊपर रहते हैं
तब उन दोनों में भी झगड़ा होता है क्या
जैसे हम करते हैं

ये जो आप बताती हैं अम्मी
ये जो आप कहती हैं माँ
वनमानुष से मानुष का हुआ विकास

तो ऊपरवाले को सबसे पहले
किसने महसूस किया होगा...
वनमानुष ने...या मानुष ने...?

और मेरी प्यारी माँ
मेरी प्यारी-सी अम्मी
बस एक बात सच्ची-सच्ची बतलाओ न

आप हमेशा कहती हैं
झगड़ा करना बुरी बात है
तो फिर ये झगड़ा करना कौन सिखाता है?

क्या ये ऊपरवाला...?

ओ ऊपरवाले रहम कर !
ओ ऊपरवाले त्राहि-माम त्राहि-माम !

स्त्री कभी नहीं मरती

एक बार एक सुबह
एक स्त्री नदी किनारे बैठी
बहती जा रही थी
उसकी साँसों की महक से
हवा में मदहोशी फैली थी
उसके गालों पे चमकते आँसू
बर्फ़ में चमकते हीरे प्रतीत हो रहे थे
उसके चेहरे पर एक दर्द-भरी मुस्कराहट थी
ऐसा लग रहा था
जैसे फ़सलों पर सूरज चमक रहा हो
स्त्री बहती नदी को
अपनी कोमल उँगलियों से
इस तरह स्पर्श कर रही थी
जैसे बीते पल को छूने की कोशिश कर रही हो
उसकी उँगलियों के कम्पन को
मैंने अपनी रीढ़ की हड्डी में
सरसराते हुए महसूस किया
मुझे बड़ा अजीब लगा
किसी चुम्बकीय आकर्षण की तरह
मैं उसकी तरफ़ बढ़ती गयी
ज्यूँ-ज्यूँ उसके क़रीब पहुँच रही थी
वो जैसे राख में तब्दील होती जा रही थी
मैं अचम्भित-सी जब वहाँ पहुँची

तो हवनकुण्ड जैसी एक समाधि नज़र आयी
जिस पर एक लाल फूल चमक रहा था
ये लाल फूल तो उसके जूड़े में नज़र आया था मुझे
मैंने हौले से उस फूल को उठाया
और उस स्त्री के न होने की वेदना
मेरे आँखों से ज्यूँ ही बहने लगी
उस समाधि से आवाज़ आयीं
"रोओ मत, स्त्री कभी नहीं मरती
स्त्री हवाओं में बसी ख़ुशबू के समान होती है
पंछियों की चहचाहट में
फूलों की मुस्कराहट में
टिमटिमाते तारों में
चाँद से टपकती आद्रा की बूँदों में
सुबह की ओस में
अज़ानों और मन्त्रों की ध्वनि में
हर ख़ूबसूरत वादों और
बदसूरत चोटों की पीड़ा में
हर लम्हों में स्त्री होती है
इसलिए रोओ मत
स्त्री कभी नहीं मरती...
सारी बातों का कुछ जादुई असर ऐसा कि
मैंने उस लाल फूल को
अपने बालों में टाँक लिया
और आँखें बन्द कर
एक गहरी साँस ली
नदी ने जैसे मुझे चूम लिया
और फिर मैं नदी में विलीन होती गयी

आधी रात के बाद

नींद ने की बेवफ़ाई
आधी रात के बाद

दीवारें रेंगने लगीं
आधी रात के बाद

ख़्वाब मरने लगे
आधी रात के बाद

सितारे पिघलने लगे
आधी रात के बाद

चाँद खोने लगा
आधी रात के बाद

सूरज डूबने लगा
आधी रात के बाद

मोती बिखरने लगे
आधी रात के बाद

ओस रेत बन गये
आधी रात के बाद

तमाम हुए जज़्बात
आधी रात के बाद

वायवीय

देखती हूँ जब भी आईना
कोई साया-सा गुज़रता है जैसे
मेरा साया नहीं
मुझ-सा दिखने की कोशिश करता-सा
मेरा साया-सा दिखने की कोशिश करता-सा
मगर क्यों, यह सवाल कौंधता है बार-बार ज़ेहन में
फिर कोई मुस्कुराता है
मैं नहीं मुस्कुरा रही
तब कौन?

जवाब में आती है नज़र एक तीखी ख़राश
ठीक दायीं आँख के नीचे
जैसे किसी बिल्ली ने झपटा मारा हो
काँपती उँगलियों से उसे छूती हूँ
बड़ी ख़ौफ़नाक टीस होती है
और ख़राश की दरार चौड़ी हो जाती है
किसी रहस्यमयी खुले दरवाज़े की तरह
फिर खिलखिलाने की आवाज़ सुनाई देती है

किसी को उसकी परवाह करते देखती हूँ
लेकिन मैं नहीं हँस रही थी
मेरी परवाह भी नहीं की गयी कभी
तो फिर किसकी?

हर बार ढूँढ़ते जवाब के साथ
ख़राश का दर्द बेपनाह होता जाता
आह !
बहुत दुखता है
काश तुम्हारी समझ में ये कभी आता
दर्द हर सवाल पे
दर्द हर बार जवाब की खोज में
ये आईना टूटता क्यों नहीं
अन्तरात्मा की चीख़ में क्या बिल्कुल तासीर नहीं होती
मगर क्यों...?
आसमान पे गहरे बादल छा गये थे अचानक
आईने पे भी धुँधलापन स्याह से स्याहतर होने लगा
गीलापन नमकीन टीले को ठोस बनाता गया
कि दरार के अन्दर बिजली-सी कोई चमक हुई
कुछ ख़ंजर-सा साया चमचमाया
ख़ंजर-सा !
ओह नहीं...नहीं !

ख़ंजर बिल्कुल दायीं आँख के नीचे वाली दरार में
और मैं अनजानी-सी इस ख़राश को
अपनी काँपती उँगलियों से सहलाकर
भरने की कोशिश में कोशिश कर रही थी...!
आह !

यह किसी और का साया
मेरे वुजूद को निगले जा रहा है
इस साये से ख़ुद को बचाने का यक़ीन टूट रहा है हर बार
उद्‌घोषों में नमक के जज़ीरे बह रहे हैं
बहते नमक से बहुत जलन हो रही है ख़राश में
एक बार फूँक मार दो न

मुहब्बत का न सही
अपने हाथ से छुआ फाहा रख दो कान्हा
सिर्फ़ एक बार ही सही...
इस दुनिया के ज़ख़्मों को
नासूर बनने से रोक लो...
इससे पहले कि एकत्व की ज़िद में
रह जाओ बिल्कुल अकेले
एक बार तो आओ बाहर
अपनी वायवीय मायावी प्रभामण्डल से

इन्तज़ार

इन्तज़ार
और कुछ नहीं
एक गिनती है
ज़िन्दा वक़्फ़ों की

यहाँ जाती हुई राहें
दिखाई नहीं देतीं
लौटते क़दमों की चाप
सुनाई देती है हरदम

यहाँ उम्मीदों के महीने
गर्भ से नहीं होते
कि उनकी आमद का
वक़्त मुकर्रर किया जा सके

आवारा बादलों-सी होती है
इन्तज़ार की अनुभूति
जिसमें आमद की आस
आँखों के गीलेपन को जीवित रखती है

लम्हों को
...यादों को
ज़िन्दा रखने का
ज़रिया है ये इन्तज़ार...!

साक्षी

एक हरा-भरा
विशाल दरख़्त था
बिल्कुल मेरे घर के सामने
नाम नहीं मालूम
बरसों से देख रही थी
खिलते, सूखते, लहलहाते
मुस्कुराते...

जाने कब एक घोंसला
बन गया उस पर
मधु ऋतु की अठखेलियाँ
नैनों के हास-परिहास
सब विकसित होते रहे इसमें

वैशाख, जेठ, सावन, भादों, पतझड़
इसकी छाँव तले बसेरा करते रहे
और घोंसले के बाशिन्दे
उन्मुक्त गीतों के
रागों का सृजन करते रहे

एक रात दरख़्त ने
जाने किस तरह ली अँगड़ाई
सब औंधे मुँह गिर पड़े

सारी क्रीड़ाएँ बिखर गयीं
उस बिखराव में मैंने
अपना सर्वनाश देखा था
ठीक उसी पल

सतह से उखड़ जाने के बाद
दरख़्त भला फिर कहाँ
जड़ों को बुन पाता है

बिखरे पत्तों और फूलों के बीच
अपने बोसों से
उसके तने को सिक्त करती
पंछी की ज़ख़्मी उदास आँखें
अब भी टिकी हैं
किसी अनहोनी पर

पर समय चुक गया है
कोलाहल शान्त हो चुका है
अन्तिम क्रियाकर्म जारी है
रोज़ आँखों से
कुछ फूल चुने जाते हैं
और पास ही में
दफ़्न कर दिये जाते हैं

और मैं...
इस टूटन की साक्षी
काव्य-सृजन में मग्न हूँ

कोरोना और जीवन

अज्ञेय ने कहा था
दुःख माँजता है
मन आश्वस्त था
कवि ने कहा है तो
निस्सन्देह दुःख माँजेगा
दुनिया फिर से चमकेगी

इन दिनों सुख
स्वप्न-सा मिराज है
दुनिया तपती धरती में
जल-जालों को देख
लड़खड़ाते हुए बढ़ रही है
रिक्तता में ढह जाने के लिए

लेकिन मैं इत्मीनान में हूँ
कवि ग़लत नहीं होता
लोक की भाषा समझता है
प्रक्रिया शुरू हो चुकी है
होंठों पे चमक आनी तय है
सावन का झूला और मैं
..............दोनों प्रतीक्षारत हैं